EL TRIBUNAL DE CRISTO

Daniel Kolenda

con

Dr. Robert Gladstone

CfaN CHRIST FOR ALL NATIONS

Australia • Brasil • Canadá • Alemania • Hong Kong • Singapur
Sudáfrica • Reino Unido • Estados Unidos

El Tribunal de Cristo, *Serie Tesoros Perdidos*
por Daniel Kolenda

©2016, Publicado por *Christ for all Nations*
(Cristo para todas las naciones)
PO Box 590588
Orlando, FL 32859-0588
www.CfaN.org/latino

El Tribunal de Cristo Rústica Spanish 978-1-933446-42-4
El Tribunal de Cristo EBOOK Español 978-1-933446-43-1
The Judgment Seat of Christ Paperback 978-1-933446-40-0
The Judgment Seat of Christ EBOOK 978-1-933446-41-7

Editorial: Sheila Chase Greco
Tradución: Marian Belmonte
Diseño interior: Grupo Nivel Uno, Inc.
Diseño de portada: Designstogo.net

Primera edición
Impreso en Colombia

ESPECIAL GRATITUD A:

Pastores Garry y Kim Wiggins, Evengel Temple Assembly of God, Jacksonville, Florida, donde nació este libro.

Harvey y Howard Katz. En nuestro primer viaje de pesca en B.C. fue donde este tema fue avivado de nuevo en mi corazón. Muchas de las ideas de nuestra intensa conversación influenciaron el contenido de este material.

¿HAS JUGADO ALGUNA VEZ A UN JUEGO DE asociación de palabras? La asociación de palabras es una forma interesante de ver cómo alguien categoriza y conecta ideas, sentimientos, experiencias e información. Por lo tanto, si digo una palabra, ¿cuál es el primer pensamiento que llega a tu mente? Por ejemplo, si yo digo "perro", quizá pienses en un "gato". Si digo "corazón", quizá pienses en "amor". Si digo "piel", quizá pienses en "abrigo".

Pero ¿qué piensas si digo "juicio"?

¿Qué viene a tu mente? Casi seguro que relacionarías palabras negativas con la palabra juicio. De hecho, nuestro mundo actual odia pocas ideas más que la del juicio. Parece que el versículo que más conocen los no creyentes es: "No juzguéis para que no seáis juzgados" (Mateo 7:1). Incluso muchos cristianos ahora ignoran, o incluso rechazan por completo, la idea del juicio.

Es cierto que los juicios humanos son defectuosos en el mejor de los casos, y corruptos en el peor. Y no hay nada más repulsivo que la crítica y el juicio crónicos. Pero cuando se trata de los juicios de Dios, son tan maravillosos y

"No juzguéis para que no seáis juzgados"

perfectos como Él. Eso significa que no deberíamos evitar el tema de los juicios de Dios; más bien, como verdaderos seguidores de su Hijo, deberíamos entenderlos y apreciarlos.

Una de las razones de la confusión en torno a este tema es que, para muchas personas, el asunto del juicio de Dios parece contradecir otras doctrinas a las que dan mucha importancia. Por ejemplo, ¿acaso no dijo Jesús: "El que oye mi palabra y cree al que me envió, tiene vida eterna *y no será juzgado*, sino que ha pasado de la muerte a la vida"? (Juan 5:24, NVI). Y también Pablo dice explícitamente: "Porque todos nosotros debemos comparecer ante el tribunal de Cristo" (2 Corintios 5:10). Ambas frases son ciertas sin haber contradicción alguna porque no se están refiriendo al mismo acontecimiento, sino a juicios distintos. De hecho, la Escritura describe varios juicios distintos: pasados, presentes y futuros.

El que oye mi palabra y cree al que me envió, tiene vida eterna y no será juzgado, sino que ha pasado de la muerte a la vida.

Aunque los cristianos están exentos del juicio final por la sangre de Jesús, es importante considerar los juicios de Dios por dos razones. En primer lugar, revelan el profundo misterio de su carácter. David declara: "Tus juicios son como profundo abismo" (Salmos 36:6). Muestran la insondable fusión de justicia y misericordia en la naturaleza de Dios. "Y juzgará al mundo con justicia; con equidad ejecutará juicio sobre los pueblos" (Salmos 9:8). Sin embargo, en el siguiente versículo: "Será también el Señor baluarte para el oprimido, baluarte en tiempos de angustia" (Salmos 9:9).

Por ello, incluso en el Nuevo Testamento los juicios de Dios en realidad se celebran. No son reliquias del pasado, que pertenecen exclusivamente al Antiguo Testamento. Revelan su gloria incluso bajo el Nuevo Pacto. Recordemos que Jesús dijo que el Padre "todo juicio se lo ha confiado al Hijo" (Juan 5:22) y "con justicia [Jesús el Rey] juzga y hace la guerra" (Apocalipsis 19:11). Nuestro Señor y Salvador Jesucristo, Aquel que murió en la cruz y cuya sangre fue derramada para la salvación del mundo, ahora es el gran Juez y el Padre ha entregado todo juicio en sus manos. Como todo juicio ahora y en el futuro es dominio de Cristo, no podría haber nada que sea más "Nuevo Pacto" que este tema. Me doy cuenta de que esto contradice la versión de Jesús infantil fácil y despreocupada, y un tanto hippy, en la que creen muchos cristianos modernos. Pero el Jesús bíblico (el único y verdadero Jesús) es bastante distinto a como lo entienden la mayoría de personas. Escuchemos cómo lo describe Juan en Apocalipsis.

> "Su cabeza y sus cabellos *eran* blancos como la blanca lana, como la nieve; sus ojos eran como llama de fuego; sus pies semejantes al bronce bruñido cuando se le ha hecho refulgir en el horno, y su voz como el ruido de muchas aguas. En su mano derecha tenía siete estrellas, y de su boca salía una aguda espada de dos filos; su rostro era como el sol cuando brilla con toda su fuerza. Cuando le vi, caí como muerto a sus pies..." (Apocalipsis 1:14-17)

Este es el Jesús que está sentado a la diestra de Dios, el Juez y Rey de toda la tierra. El tema del juicio de Dios abarca la longitud de la historia humana, y es tan maravilloso como serio. Es a la vez asombroso y aterrador, maravilloso y terrible, justo y misericordioso.

En segundo lugar, los cristianos deberían considerar el juicio de Dios porque, de una forma o de otra, es un tema que nos afecta directamente a todos. De hecho, todos compareceremos ante "el tribunal de Cristo" para que nuestras obras sean evaluadas al entrar en la gloria del siglo venidero. Sí, somos justificados por la fe y no deberíamos tener miedo a la condenación, pero deberíamos considerar muy seriamente que los ojos abrasadores de Cristo analizarán nuestras "obras hechas en el cuerpo" para ver si pueden seguirnos hasta su reino eterno. Este tema no es en absoluto popular hoy día, pero eso no significa que no sea cierto. Como veremos, es muy importante y merece que lo consideremos seriamente.

"Ya que invocan como Padre al que juzga con imparcialidad las obras de cada uno, vivan con temor reverente mientras sean peregrinos en este mundo" (1 Pedro 1:17, NVI). Como seguidores de Jesús, somos sabios si meditamos en la severidad de la justicia de Dios mientras celebramos la dulzura de su misericordia. Así que demos un paso atrás y consideremos algunos de los asombrosos juicios de Dios a lo largo de la historia bíblica. Después nos enfocaremos en el juicio que nos afecta como creyentes: el tribunal de Cristo. Esto nos ayudará a vivir con gozosa anticipación, y también con cuidadosa seriedad, mientras viajamos hacia la eternidad.

El juicio de Adán y Eva en el huerto del Edén (Génesis 3:14-24)

La historia es muy conocida. Tan conocida, de hecho, que es fácil pasar por alto su fuerza por la pura familiaridad. Pero este relato del pecado original y el primer juicio de Dios no es una invención literaria ni un cliché de la escuela dominical. Es una representación persuasiva de justicia y misericordia. Imágenes de un mundo nuevo, el encantador Huerto de Dios, Adán y Eva, esa astuta serpiente y el fruto prohibido realmente establecen una potente narrativa que establece tres verdades fundamentales sobre las cuales los futuros juicios de Dios, incluida su obra de salvación, descansarán.

En primer lugar, Dios respeta las decisiones humanas. El mismo libre albedrío que es nuestra mayor dignidad puede ser potencialmente nuestra mayor caída como ocurrió en el Huerto.

En segundo lugar, el juicio de Dios sobre Adán y Eva declara que Él es justo. "Justo eres tú, Señor, y rectos son tus juicios" (Salmos 119:137). Dios es bueno y recto hasta la médula. La justicia y la equidad recorren todo su ser de manera natural, eterna e incandescente. Así que es imposible que Él pase por alto los pecados humanos. Sencillamente no puede negarse a sí mismo. Debe actuar coherentemente con su propia naturaleza justa.

En tercer lugar, el juicio de Dios sobre Adán y Eva, sin embargo, también revela su misericordia. Dios es un buen Padre, y siempre obrará por el bien final de sus hijos. Sí, está comprometido a enseñar justicia a sus hijos, y usará juicios para hacer eso cuando sea necesario: "Porque cuando la tierra tiene conocimiento de tus juicios, aprenden justicia los habitantes del mundo" (Isaías 26:9). El amor de Dios por sus hijos significa que quiere que vivan y se desarrollen en todos los aspectos. Su corazón está inclinado a bendecirlos, no a maldecirlos.

Por eso Dios incrustó una promesa de liberación en estos primeros decretos de juicio. Mientras arrojaba a la serpiente al polvo, el Señor dijo: "Y pondré enemistad entre tú y la mujer, y entre tu simiente y su simiente; él te herirá en la cabeza, y tú lo herirás en el calcañar" (Génesis 3:15). Los teólogos han llamado a esta frase el "protoevangelio" o "la primera predicación del evangelio". Dios declaró *justamente en medio del juicio* que un día la simiente de la mujer aplastaría la cabeza del enemigo, dando a entender que los seres humanos serían liberados de la garra de la serpiente.

¡Qué maravillosa misericordia! El mismo Dios que nunca permitiría "que el culpable quedara impune", es el mismo Dios que se revela como "Dios clemente y compasivo, lento para la ira y grande en amor y fidelidad, que mantiene su amor hasta mil generaciones después, y que perdona la iniquidad, la rebelión y el pecado" (Éxodo 34:6-7, NVI). Esta es la gloria de la naturaleza de Dios. Como Padre perfecto, Él defiende su justicia a la vez que derrama su misericordia en abundancia.

El juicio sobre el mundo antediluviano (Génesis 7:17-24)

Habían pasado ya muchos siglos desde el juicio de Adán y Eva. Y muchos siglos tendrían que pasar hasta llegar al gran juicio en la cruz. Pero el pecado en la tierra había alcanzado un peligroso punto de ebullición. "Al ver el Señor que la maldad del ser humano en la tierra era muy grande, y que todos sus pensamientos tendían siempre hacia el mal, se arrepintió de haber hecho al ser humano en la tierra, y le dolió en el corazón. Entonces dijo: «Voy a borrar de la tierra al ser humano que he creado»" (Génesis 6:5-6, NVI).

La creación original se había corrompido demasiado; no podía continuar en su estado actual. Dios tenía que intervenir. "Y he aquí, yo traeré un diluvio sobre la tierra, para destruir toda carne en que hay aliento de vida debajo del cielo; todo lo que hay en la tierra perecerá" (Génesis 6:17). Parecía una devastación absoluta. Pero de hecho, este diluvio sería a la vez un juicio global *¡y* un acto de misericordia extrema! Dios podría simplemente haber comenzado de nuevo, creando un mundo nuevo con nuevas criaturas. Pero en cambio, Dios encontró un hombre mediante el cual podría redimir a la raza humana y a toda la creación. "Noé contaba con el favor del Señor... Noé era un hombre justo y honrado entre su gente. Siempre anduvo fielmente con Dios" (Génesis 6:8-9, NVI). Así que su familia, junto a parejas de cada especie animal a salvo en el arca, representarían un nuevo comienzo.

De las aguas crecidas de justicia se levantaría una creación completamente renovada. De hecho, las aguas crecidas, al final, *salvaron* a la creación de su propia corrupción. Qué acto tan brillante de amor creativo en conjunto con justicia perfecta.

El juicio del pecado del hombre en la cruz (Isaías 53:4-8)

No hay mayor mezcla de juicio y misericordia que en la crucifixión de Jesucristo. Sigue en la línea de los anteriores juicios, pero destaca y sobresale en su gloria y significado. Ningún juicio ha logrado nunca la justicia de Dios, ni ha dispensado su ira, como la cruz. Y ningún otro juicio ha logrado nunca la misericordia de Dios, ni dispensó su salvación, como la cruz. Echemos un vistazo más de cerca.

En el Calvario, Jesús fue "herido por nuestras transgresiones, molido por nuestras iniquidades. El castigo, por nuestra paz, cayó sobre El, y por sus heridas hemos sido sanados" (Isaías 53:5). La justicia de Dios demandaba un castigo. Así que Jesús tomó ese castigo en nuestro lugar *representando a toda la humanidad pecaminosa delante del Señor* (Isaías 52:13-53:12). Así es como "hizo que cayera sobre él la iniquidad de todos nosotros" (Isaías 53:6). Así es como Dios "al que no conoció pecado, le hizo pecado por nosotros" (2 Corintios 5:21). Y por eso Dios después le "juzgó". Cuando Dios quiso "quebrantarle, sometiéndole a padecimiento" como una ofrenda de pecado (Isaías 53:10), Él estaba juzgando todo el pecado y toda la humanidad pecaminosa. ¡Contemplemos la cruz como el juicio masivo de Dios sobre toda una raza!

¡Pero contemplemos también su misericordia! Este mismo Siervo del Señor, tras sufrir por los pecados de su pueblo, después "verá a su descendencia, prolongará sus días, y la voluntad del Señor en su mano prosperará" (Isaías 53:10). De hecho, "debido a la angustia de su alma, El lo verá *y* quedará satisfecho... mi Siervo, justificará a muchos" (Isaías 53:11). En otras palabras, ¡Jesús resucitaría de los muertos y disfrutaría de los frutos de su muerte sacrificial! Como Hombre supremo, si la *muerte* del Siervo absorbió el juicio contra la humanidad, entonces su *vida* resucitada *renovará* de forma efectiva a todo aquel que cree.

Por lo tanto, cuando aceptamos el sacrificio de Jesús por nosotros, Dios hace más que perdonarnos. Él nos *renueva* con un tipo de vida totalmente nueva: una nueva creación. El Espíritu de Dios que recorría la superficie de las aguas en el principio, y después ayudó a renovar la creación durante el diluvio, ahora inunda nuestros corazones con nueva vida. Él nos hace ser una clase de humanidad totalmente nueva.

Amigo mío, aquí vemos la gloria y sabiduría sin igual mostradas en la cruz. Combina la justicia perfecta de Dios con su misericordia perfecta. En la cruz, Dios satisfizo su propia naturaleza justa al juzgar los pecados de la humanidad. ¡No hay religión ni filosofía que se compare con la sabiduría y el poder de la cruz! Ninguna ideología podría tratar de forma tan completa las profundidades del pecado, cumplir de forma tan perfecta con las demandas de la justicia, y mostrar misericordia de forma tan asombrosa a los pecadores ofreciéndoles una creación totalmente nueva, ¡todo en el mismo acto! ¡Aleluya!

El juicio del gran trono blanco
(Apocalipsis 20:11-15)

La Escritura nos enseña que, un día, todos los muertos resucitarán, tanto creyentes como no creyentes, y todos serán juzgados (Daniel 12:2; Juan 5:28-29; Hechos 24:15). Pero quienes nunca recibieron el regalo de Dios de la salvación en Cristo serán resucitados específicamente para una resurrección de condenación. Aparecerán ante el gran trono blanco, serán juzgados por sus malas obras, y echados en el lago de fuego (Apocalipsis 20:13-15). Este juicio es el último acto de la justicia de Dios, juzgando concluyentemente a los que rehusaron creer. Pero es también un acto de misericordia hacia la creación, cuando Dios limpie para siempre la tierra de pecado.

Recuerdo que cuando era niño, escuchaba decir al predicador: "Si tus pecados no están bajo la sangre de Jesús, un día te seguirán hasta el juicio". Yo pensaba: "Eso debe de ser una exageración. No es posible que Dios pueda tener un banco de memoria tan grande". Pero eso ocurría en mi joven mente antes de los días del Internet, cuando las computadoras eran poco más que calculadoras glorificadas. Las cosas han cambiado mucho desde entonces, ¿verdad? Ahora es más fácil imaginar la colosal y global base de datos de Dios.

En estos días, casi puedo descubrir la vida entera de la gente tan solo visitando sus páginas de Facebook o sus comentarios en Twitter. Puedo saber lo que han desayunado esta mañana y lo que vieron anoche en la televisión. Podemos saber dónde nacieron, en qué trabajan, cuáles son sus intereses, y mucho más.

Estoy seguro de que habrás oído que algunos buscadores guardan los datos de todas tus búsquedas de Internet y cada una de tus pulsaciones del teclado. Imagínate a alguien dentro de cien años investigando tu vida y encontrando cada búsqueda que hiciste en el Internet, cada página web que visitaste y todas tus páginas de redes sociales: Facebook, Pinterest, YouTube y Twitter. Podrían saber más acerca de ti que tu propia familia. Sin embargo, Dios tiene una memoria caché mucho más inmensa y precisa que todos los bancos de datos del planeta juntos. Él no necesitará citar tus registros de Google. Él ya los tiene todos. Y un día todo el mundo dará cuentas.

Una notica reciente un tanto escabrosa ofrece un anuncio de ese día. Presentaba una página web que ayuda a la gente a tener aventuras amorosas adúlteras: la página web Ashley Madison. Alguien hackeó la página y expuso a treinta millones de personas en el Internet: sus nombres, direcciones y números de tarjeta de crédito. El eslogan de la página web era "La vida es corta, ten una aventura". Quizá necesitan un nuevo eslogan: "Ten por seguro que tus pecados te encontrarán".

"No os dejéis engañar, de Dios nadie se burla; pues todo lo que el hombre siembre, eso también segará" (Gálatas 6:7). Llega un día, amigo, ya seas hackeado o no, en el que todos los pecados que no estén cubiertos por la sangre de Jesús serán expuestos. De hecho, la Biblia nos dice que, en ese día, los hombres se esconderán entre las rocas y pedirán a las montañas que caigan sobre ellos para esconderles del rostro de Aquel que se sienta en el trono y de la ira del Cordero (Apocalipsis 6:16). Ese día llega. Y para muchos, eso es una mala noticia.

La buena noticia es que tú no tienes que comparecer en el juicio ante el gran trono blanco. Si rindes tu vida a Jesús, su sangre limpia tus pecados. Él te perdona; deja tu registro limpio. *"Ahora, pues, ninguna condenación hay para los que están en Cristo Jesús"* (Romanos 8:1, RVR-1960).

Espero que, si no eres creyente, rindas tu vida hoy mismo a Jesús. Él te ama, murió por ti, y no quiere que lleves más el peso de tu pecado. Jesús ya recibió el juicio de tus pecados para que no tengas que ser juzgado por ellos. Él llevó el castigo por ti en la cruz. Pero si rechazas su oferta de pagar tu deuda, entonces tú mismo tendrás que pagarla. Ese es el propósito del juicio del gran trono blanco.

Hasta este punto, nuestra lista de juicios de Dios debería causar una seria impresión sobre nuestra alma. Establece que sus juicios son *reales*, son justos, y son misericordiosos. Aunque los creyentes sean excusados del juicio final, seguimos viviendo nuestra vida delante de Aquel que, por su misma naturaleza de amor y justicia, evalúa todas las cosas. Para los creyentes, Él es con quien tenemos que tratar. Por eso incluso David dijo: "Mi carne se estremece por temor a ti, y de tus juicios tengo miedo". Y por eso Pablo se refirió a un juicio venidero *para los creyentes* que produjo en él "el temor del Señor" (2 Corintios 5:11).

El tribunal de Cristo

Y ASÍ LLEGAMOS AL ÚLTIMO JUICIO DE ESTA DISCUSIÓN: el tribunal de Cristo. Pasaremos la mayor parte del tiempo aquí porque este es el juicio que probará las obras de los cristianos. Aunque los verdaderos creyentes están exentos del juicio de Dios de *condenación*, no estamos exentos de su juicio de *evaluación*. La Biblia enseña que nuestra expectativa de este juicio futuro nos ayuda a vivir para el Señor en esta era actual. Pablo llama a esta motivación "el temor del Señor" (2 Corintios 5:11)

Como con todos los juicios de Dios, el tribunal de Cristo mezcla perfectamente su justicia y su misericordia. Muestra justicia porque lleva nuestra vida en la tierra a la luz de la eternidad. El mismo respeto que mostró Dios por el libre albedrío de Adán en el Huerto, también nos lo mostrará al final de este siglo. Nuestras acciones son importantes. Nuestra manera de vivir importa. Cierto, Dios no nos juzgará por nuestros pecados anteriores a la cruz; pero evaluará nuestras vidas a la luz de la cruz.

Así que veamos más de cerca el tribunal de Cristo. Preparémonos para ese día justo y misericordioso. Nuestro texto clave es 2 Corintios 5. El resto de nuestro estudio se enfocará en los versículos 10 al 20 junto con otros cuantos pasajes relevantes. Esto nos dará una mejor comprensión de lo que Pablo quiso decir, un entendimiento más rico de la naturaleza del juicio de Dios de los cristianos, y una mayor preparación para nuestro futuro.

"Porque es necesario que todos nosotros comparezcamos ante el tribunal de Cristo, para que cada uno reciba según lo que haya hecho mientras estaba en el cuerpo, sea bueno o sea malo" (2 Corintios 5:10, RVR-1960)

La palabra griega para "tribunal" es *bema*. En el mundo del Nuevo Testamento, *bema* se usaba para referirse a una plataforma elevada desde la que el orador se dirigía a una multitud (Hechos 12:21), o un dirigente juzgaba asuntos legales importantes. Así que *bema* por lo general se refería a un tribunal: el banco de un juez en una corte de justicia. Jesucristo estuvo ante el "tribunal" (*bema*) de Poncio Pilato (Mateo 27:19; Juan 19:13). Pablo compareció ante el *bema* del César (Hechos 25:10-11), y testificó ante el *bema* del gobernador Festo (Hechos 25:6).

La antigua ciudad de Corinto tenía un *bema* muy conocido para asuntos legales, los restos del cual permanecen hasta la fecha. De hecho, Pablo mismo estuvo ante ese *bema*. Cuando los judíos en Corinto le acusaron de dirigir una revuelta religiosa, le llevaron ante el *bema*, o "tribunal", de Gayo, que era el gobernador romano de esa provincia (Hechos 18:12). Así que los corintios entendían muy bien la referencia de Pablo al "tribunal de Cristo" en este versículo (2 Corintios 5:10). No era un asunto menor estar ante el *bema* de un juez, gobernador, o emperador romano. Los veredictos eran importantes, coercitivos y finales. Quienes pudieran estar ante esos tribunales debían tener mucho cuidado con sus acciones y sus palabras. ¡Cuánto más, sugiere Pablo, deberíamos los creyentes vivir prudentemente ya que, un día, todos compareceremos ante el *bema* del Juez más grande y supremo, el Rey Jesús el Mesías! No es de extrañar que Pablo admitiera en el versículo siguiente que él "conocía el temor del Señor" (2 Corintios 5:11).

Pero como dije antes, el mismo juicio que nos da respeto por la justicia de Dios, también nos invita a su misericordia. Es muy interesante que también había un *bema* en los Juegos Olímpicos griegos. Pero este "tribunal" no era para juicios de casos legales. Era para recompensar a los competidores atléticos. Los corintios también debían de estar familiarizados con este *bema*. Algunos juegos de tipo olímpico se jugaban cerca de su ciudad cada dos primaveras, cuando atletas de todo el imperio convergían en Corinto para desafiarse unos a otros en varios acontecimientos atléticos. Después de cada prueba, los vencedores comparecían ante el *bema* del juez para recibir las recompensas por sus actuaciones.

> El mismo juicio que nos da respeto por la justicia de Dios, también nos invita a su misericordia.

Este *bema* también podría ser una buena ilustración del

punto de Pablo por dos razones. En primer lugar, observemos que solo los vencedores estaban ante el *bema*. Así como en las Olimpiadas actuales, los perdedores no reciben medallas. Todo aquel que está ante el *bema* es un ganador. Si llegas hasta el tribunal de Cristo, significa que has sido salvado. Has sido redimido y pasarás la eternidad con Jesús. Eso te hace ser un vencedor.

En segundo lugar, sin embargo, habrá diferentes niveles entre estos ganadores. No todos los ganadores reciben el mismo galardón. Esto no es algo de lo que hablamos muy a menudo en la iglesia, porque no es políticamente correcto. Vivimos en una cultura donde se supone que todos deben ser exactamente iguales. Incluso en muchas competiciones deportivas para niños, todos reciben medallas y trofeos para que nadie se sienta discriminado. Pero en el mundo real, hay ganadores y hay perdedores. Incluso entre los campeones, algunos lo hacen mejor que otros y todos son recompensados según su trabajo.

Recordemos lo que dijo Pablo sobre los que llegan a este tribunal: *"Es necesario que todos nosotros comparezcamos..."*. Observemos que no se dirigía a impíos, sino que estaba hablando a la iglesia corintia, creyentes que eran los propios discípulos de Pablo. Y no dijo: "Todos deben comparecer...", sino que él mismo se incluyó: "... todos nosotros comparezcamos...". Así que incluso el gran apóstol, que difundió el evangelio por el mundo mediterráneo

Si llegas hasta el tribunal de Cristo, significa que has sido salvado. Has sido redimido y pasarás la eternidad con Jesús. Eso te hace ser un vencedor.

y escribió dos terceras partes del Nuevo Testamento, de hecho comparecerá ante el tribunal de Cristo. Si los corintios creyentes tienen que comparecer ante el tribunal de Cristo, tú también. Si el apóstol Pablo debe comparecer, tú también. "Es necesario que **todos** nosotros comparezcamos ante el tribunal de Cristo...".

Observemos también que dijo que ***"es necesario"*** que todos nosotros comparezcamos. No hay excepciones por circunstancias atenuantes. No es como el servicio de jurado, donde es obligatorio a menos que se tenga una excusa aceptable. No hay tales excepciones del tribunal de Cristo. Es una cita que no se puede cancelar. Hay muchas incertidumbres en esta vida, pero puedo decirte dos cosas que son seguras. La Biblia dice que (1) está estipulado que los hombres mueran una sola vez, y (2) después de esto viene el juicio (Hebreos 9:27). Todos moriremos. Y todos tendremos un juicio, ya sea el tribunal de Cristo o el gran trono blanco.

La Escritura sigue diciendo que cada uno de nosotros recibirá lo merecido según las cosas que haya hecho en el cuerpo. Pablo dibuja este punto con precisión. No hay espacio para la ambigüedad. No está hablando poéticamente sobre una fantasía intangible. No está hablando con simbolismos para tener un efecto inmediato. Más bien está hablando de algo muy real, muy práctico, y muy cierto.

> Dice que daremos cuentas de las "cosas": eso es tangible.

> Dice que daremos cuentas de lo que hayamos "hecho": eso es acción.

Dice que daremos cuentas de lo que hayamos hecho "en el cuerpo": eso es físico.

En otras palabras, daremos cuentas de cosas tangibles y acciones reales hechas en nuestros cuerpos físicos en la tierra.

Amigo mío, esto es real. Tu manera de vivir sí importa. Lo que hagas durante tu vida importa. Y darás cuentas de ello.

Todos daremos cuentas de las cosas que hayamos hecho en el cuerpo, "sea bueno o sea malo", un punto que confunde a muchas personas. "¿Significa esto que vamos a responder por nuestros pecados de nuevo? ¿Va a recuperar Dios esos pecados del fondo del mar donde los enterró, y nos los va a arrojar de nuevo a la cara en el tribunal de Cristo?". Enfáticamente, inequívocamente y categóricamente: No. Eso insultaría al Espíritu de gracia y la gloria de la cruz. Contradeciría las Escrituras. Los pecados que Dios perdona, pecados que están bajo la sangre de Jesucristo, se han ido para siempre. Nunca podremos ser juzgados de nuevo por ellos. Dios los ha echado al mar (Miqueas 7:19). Isaías dice: *"porque echaste tras tus espaldas todos mis pecados"* (Isaías 38:17). Esencialmente, Dios está diciendo: "Yo he puesto esos pecados en un lugar donde nunca más los volveré a ver. ¡Han desaparecido y avanzamos a una visión de tu futuro totalmente renovada!".

Entonces, ¿a qué se refiere la Escritura cuando dice que seremos recompensados de acuerdo a lo que hicimos, *sea bueno o sea malo*? (2 Corintios 5:10). Las palabras griegas traducidas como "bueno" y "malo" en este pasaje son *agathos* y *faulos*. En este contexto, estas palabras no se refieren solo a obras moralmente buenas o malas; más bien implican una evaluación de "beneficioso" versus "inútil". Este es un punto muy importante. Amigo mío, puedes ser salvo, puedes ser perdonado, puedes estar de camino al cielo, *y aun así vivir por cosas inútiles*, ¡y muchos cristianos lo hacen! Es muy fácil enredarse en los afanes de la vida, las actividades del día a día, los entretenimientos sin sentido, y distracciones inútiles que consumen los días, semanas, meses y años de nuestras vidas ¡y a la vez no tienen *un valor eterno!*

> Puedes ser salvo, puedes ser perdonado, puedes estar de camino al cielo, y aun así vivir por cosas inútiles, ¡y muchos cristianos lo hacen!

Sí, todos daremos cuentas un día. Pero este juicio no tratará pecados individuales que Dios ya ha perdonado. Esos pecados han desaparecido. No, daremos cuentas por la forma en que vivimos nuestra vida como hijos de Dios redimidos, por las cosas que hicimos con el tiempo, las oportunidades y los recursos que Dios puso en nuestras manos.

¿Recuerdas la parábola de los siervos que recibieron talentos de su amo? Cuando el amo regresó de su viaje, quiso que dieran cuentas de su inversión en sus vidas. Después cada uno recibió una recompensa según lo que había hecho (Mateo 25:14-30). Ocurrirá lo mismo con nosotros. El tribunal de Cristo no será como una ceremonia de premios de una guardería, donde todos reciben la misma recompensa para que nadie se sienta excluido. No, algunos recibirán más recompensas que otros. Y algunos incluso serán avergonzados.

En Apocalipsis 22:12 (RVR-1960), Jesús dijo: *"He aquí yo vengo pronto, y mi galardón conmigo, para recompensar a cada uno según sea su obra"*. Debemos hacer esta crucial distinción. En cuanto a la salvación, *no* se trata de obras en sentido alguno. Pero en cuanto a las recompensas eternas, todo *tiene que ver* con las obras. Importa lo que haces e importa cómo vives. En la eternidad, algunos van a tener mayor estatus que otros. Quizá eso pueda parecer injusto, pero ¿crees que alguien como la Madre Teresa, que pasó toda su vida dando a los pobres y sacrificándose por otros va a recibir el mismo galardón que alguna persona que pasó la mayor parte de su vida sentada en el sofá jugando a la Xbox? Eso sería injusto, y nuestro Dios es un juez justo. Hebreos 6:10 dice que Dios no es injusto; que *Él no se olvidará de tu obra* y el amor que le hayas mostrado al ayudar a su pueblo y seguir ayudándolos. Eso significa que sería injusto que Dios se olvidara de tu obra.

Las Escrituras son claras. Dios nos recompensará a cada uno conforme a nuestra obra. Y ese día está cercano.

Algunos recibirán más recompensas que otros. Y algunos incluso serán avergonzados.

En cuanto a la salvación, **no** se trata de obras en sentido alguno. Pero en cuanto a las recompensas eternas, todo **tiene que ver** con las obras. Importa lo que haces e importa cómo vives.

Él viene rápidamente y su recompensa consigo. Pero ¿cómo será eso? ¿Qué tipo de recompensas serán esas? ¿Cómo funciona este sistema de recompensas?

En el *bema* para los juegos atléticos del mundo antiguo, los competidores eran galardonados según sus actuaciones. Incluso hoy, en los Juegos Olímpicos, los vencedores suben al pódium en distintas alturas: la plataforma del primer clasificado es más alta que la del segundo clasificado, y el segundo clasificado está más alto que el tercero. Este es el cuadro que obtenemos del lenguaje de Pablo. Un día, en el *bema* de Cristo, algunos serán recompensados en mayor medida que otros, sobre la base del valor eterno de sus obras.

No solemos hablar mucho de estas cosas, ¿no es cierto? No pensamos a menudo en la eternidad. Nuestros planes de jubilación, nuestras inversiones y nuestro bienestar físico consumen gran parte de nuestro tiempo y atención. Sin embargo, estas cosas son muy efímeras.

Piensa en esto: si te jubilas a los 65 años pero llegas a vivir hasta los 80, eso significaría que tienes quince años para disfrutar aquello en lo cual invertiste toda tu vida. Después no hay más. Todo ese trabajo, todo ese ahorro e inversión y vida sabia, ¿para qué? Emplearás todo ese esfuerzo para quince años de recompensa. Pero en la eternidad, dentro de mil años, dentro de diez mil años, dentro de un millón de años, cosecharás recompensas de las semillas que plantaste en esta vida mortal. ¿Cuánto has pensando en tu "plan de jubilación" eterno?

Recuerda la parábola de Jesús de las minas. El siervo que multiplicó por diez la inversión de su amo, recibió autoridad sobre diez ciudades. El siervo que multiplicó por cinco la inversión de su amo, recibió autoridad sobre cinco ciudades. Y el siervo que no consiguió ningún interés, perdió incluso la poca inversión que tenía para comenzar. La recompensa en el siglo venidero no es automática, y no todos seremos recompensados igual. ¡Así que ahora es el momento de invertir!

¿Cuánto has pensando en tu "plan de jubilación" eterno?

Esaú nos ofrece otra imagen. Aunque menospreció su primogenitura y cedió el privilegio de ser el portador de la herencia de su padre, *seguía siendo un hijo*. Esaú no perdió el hecho de ser hijo, sino que perdió su herencia. Habrá personas en el siglo venidero que siempre serán hijos e hijas de Dios, pero habrán perdido ciertas recompensas eternas por conseguir ganancias temporales. La Escritura dice de Esaú que no pudo recuperar su herencia, aunque lo procuró con muchas lágrimas. Para los cristianos también: ese Día, será demasiado tarde para recuperar una herencia que perdimos al malgastar nuestro tiempo y energías en este siglo.

En la historia de Ester, de todas las vírgenes que fueron llevadas al palacio del rey solo una fue escogida. Solo una ascendió al trono. La Escritura nos dice que las otras mujeres permanecieron como parte de la casa del rey, *pero solo una se convirtió en reina*. ¿Cuál fue la diferencia en el caso de Ester? En vez de enfocarse en ella misma en sus preparativos, preguntó a su cuidador cómo podía agradar al rey. Aceptó su consejo, y fue escogida entre las demás para

Esaú no perdió el hecho de ser hijo, sino que perdió su herencia.

ser la esposa del rey. Del mismo modo, la esposa de Cristo será preparada por la voluntad de Dios mediante la obra del Espíritu Santo e incluirá a los que han entregado sus vidas y se han sometido a Dios y se han puesto en el altar. Dios les formará, moldeará y purificará para convertirlos en una novia para Cristo.

Un destello de eternidad

ASÍ QUE NO TODOS RECIBIRÁN LA MISMA RECOMPENSA en el siglo venidero. Algunos creyentes de hecho estarán más cerca en proximidad al trono de Dios que otros. Algunos recibirán un honor especial de Dios delante de toda la creación. Escuchemos con atención las palabras del propio Jesús. "Porque todo el que se ensalce, será humillado; *y el que se humille será ensalzado*... Cuando ofrezcas una comida o una cena, no llames a tus amigos, ni a tus hermanos, ni a tus parientes, ni a tus vecinos ricos, no sea que ellos a su vez también te conviden y tengas ya tu recompensa. Antes bien, cuando ofrezcas un banquete, llama a pobres, mancos, cojos, ciegos, y serás bienaventurado, ya que ellos no tienen para recompensarte; *pues tú serás recompensado en la resurrección de los justos*" (Lucas 14:11-14, énfasis añadido).

En este mundo, a las personas que se autopromocionan y que son orgullosas les encanta adornarse con símbolos de estatus, como autos y ropa, que les distinguen de otros y demuestran su riqueza o poder. Pero un día, Dios adornará a hombres y mujeres con honor, riqueza y poder más allá de cualquier cosa que este mundo haya conocido jamás. Y tengo el presentimiento de que quienes serán más honrados serán los que parecen los menos probables. Algo me dice que aquellos a quienes Dios honrará no son los mismos que a quienes nosotros honraríamos (Lucas 16:15; 1 Corintios 1:26-28).

> Tengo el presentimiento de que quienes serán más honrados serán los que parecen los menos probables. Algo me dice que aquellos a quienes Dios honrará no son los mismos que a quienes nosotros honraríamos.

Me atrevo a decir que los hombres y mujeres más adornados en la eternidad serán las personas cuyos nombres nunca hemos oído. Muchos serán los siervos invisibles que fueron fieles en las circunstancias más humildes. Habrá una niña que entregó su vida por el evangelio, rehusando negar el nombre de Jesús y siendo fiel hasta la muerte. Habrá abuelas que pasaron décadas de rodillas intercediendo por seres queridos perdidos. Nadie vio sus sacrificios, su carga en oración, las noches en vela, las lágrimas, el gemir... salvo Dios. Pero ese día, ellos recibirán la recompensa por su labor, y serán honrados delante de los ángeles y los santos. Habrá maestros de escuela dominical, obreros en los cuneros, y personas de mantenimiento. Habrá personas que alimentaron a los indigentes, personas que dejaron sus hogares para servir en tierras extranjeras, y personas que dieron de sus finanzas para enviar a otros. Habrá santos de cada esfera de la vida con varios llamados y dones que simplemente fueron fieles con su tiempo, y fieles con sus habilidades. Fueron obedientes al llamado de Dios, y un día recibirán su recompensa. Si esto no es una buena noticia para ti, quizá no estás viviendo a la luz de la eternidad. Pero los que viven para el siglo venidero están anticipando la aparición de Él porque saben que Dios tiene algo para ellos. "He aquí, yo vengo pronto, *y mi recompensa está conmigo*".

El libro de Apocalipsis nos dibuja un asombroso cuadro de santos sentados en tronos, y reciben poder de Dios para juzgar (Apocalipsis 20:4). Esto no es simbólico. Realmente se sientan en tronos. Reciben una autoridad real para juzgar. Ellos *gobiernan sobre toda la creación* con el Rey Jesús.

Por favor, considera cuidadosamente este mensaje. Satanás cayó porque puso sus ojos en el trono de Dios y lo deseó. Esa fue su ambición. Sí, él tienta a la gente con cosas mucho menores, como el éxito material, automóviles, ropa, popularidad y poder político. Pero Satanás mismo tenía sus ojos puestos en algo mucho mayor, algo carnal que la humanidad desconoce. Es un premio mucho mayor que cualquier cosa que jamás pudiéramos imaginar: el trono mismo de Dios. *Eso* es lo que el diablo quería. Pero fue expulsado del cielo por codiciarlo. Eso mismo que deseó y por lo que se rebeló para conseguir, es lo mismo que nunca conseguirá. Y a la vez, Jesús dijo: ¡*tú* te puedes sentar en mi trono conmigo! ¡Tú puedes tener algo que hará que el diablo se muera de envidia!

¿Cómo es posible eso? Exactamente por lo que Jesús nos enseñó: solo los *mansos* heredarán la tierra (Mateo 5:5). En otras palabras, esos santos fieles cuya única ambición era servir, no a sus propios intereses, sino a los intereses de su gran Rey, heredarán eso mismo que el diablo se enfurecía por obtener. Del mismo

¡Tú puedes tener algo que hará que el diablo se muera de envidia!

modo, los magnates y personas poderosas de este mundo, que dedicaron toda su vida a perseguir riquezas terrenales, mirarán hacia arriba a los que se sientan con Cristo. Llorarán y dirán: "He malgastado toda mi vida buscando cosas que eran castillos en el aire, ¡y ni siquiera lo sabía!".

Observemos lo que Jesús promete a "los que vencen". Ellos:

- Comerán del árbol de la vida (Apocalipsis 2:7)
- Recibirán una corona de vida (Apocalipsis 2:10)
- Comerán del maná escondido (Apocalipsis 2:17)
- Recibirán una piedra blanca con su nuevo nombre que solo ellos conocerán (Apocalipsis 2:17)
- Recibirán autoridad sobre las naciones (Apocalipsis 2:26)
- Recibirán el lucero de la mañana (Apocalipsis 2:28)
- Llevarán vestiduras blancas (Apocalipsis 3:5)
- Se convertirán en columnas en el templo de Dios y nunca más saldrán de allí (Apocalipsis 3:12)
- Llevarán escrito en ellos mismos el nombre de Dios, el nombre de Jerusalén, y el nuevo nombre de Jesucristo (Apocalipsis 3:12)
- Se sentarán con Cristo en su trono (Apocalipsis 3:21).

Esta vida extraordinaria del siglo venidero es difícil de imaginar. La Escritura la describe con imágenes impactantes, y sus detalles prácticos se me escapan. Pero dos cosas sé: es indescriptiblemente más gloriosa que toda la riqueza de este mundo, y *tú puedes decidir vivir para ese siglo.* Mientras la mayoría de la gente va en pos de autos nuevos, casas más grandes, unos cuantos "papeles verdes" o un cuerpo más atractivo, otros han decidido perseguir las recompensas eternas y almacenar tesoros en el cielo. En el momento en que sacas un auto nuevo del concesionario, comienza a devaluarse. El primer año, podría devaluarse un veinte por ciento. Pero algo me dice que los que llevan vestiduras blancas nunca perderán su valor. No estoy seguro de qué es el lucero de la mañana, pero tengo la sensación de que nunca se devaluará. Incluso dentro de un millón de años, ¡no creo que gobernar naciones sea algo aburrido!

No sé tú, pero yo quiero que Jesús me haga un tatuaje con su nombre. Quiero sentarme en un trono con Él. Quiero comer del árbol de la vida. Quiero llevar una corona en mi cabeza. No quiero estar en algún lugar a las afueras de la ciudad santa como Moisés, mirando la Tierra Prometida desde lejos. Quiero ser una de esas "columnas" en la casa de Dios que nunca tiene que salir. Quiero vivir cerca de Él durante toda la eternidad, capaz de poder mirar por siempre a Aquel que se sienta en el trono y al Cordero.

Acciones, obras y tesoros en el cielo

> ¿Para qué estás viviendo? Sea cual sea tu respuesta, **eso** será juzgado en el **bema** de Cristo.

AMIGO MÍO, ¿PARA QUÉ ESTÁS viviendo? Sea cual sea tu respuesta, *eso* será juzgado en el *bema* de Cristo. Es exactamente de lo que nuestro texto principal de 2 Corintios 5 está hablando. De hecho, Pablo construye sobre este mismo juicio en su otra carta a los Corintios con un simbolismo particularmente impactante. En 1 Corintios 3:10-15 (RVR-1960) dice:

> *"Conforme a la gracia de Dios que me ha sido dada, yo como perito arquitecto puse el fundamento, y otro edifica encima; pero cada uno mire cómo sobreedifica. Porque nadie puede poner otro fundamento que el que está puesto, el cual es Jesucristo. Y si sobre este fundamento alguno edificare oro, plata, piedras preciosas, madera, heno, hojarasca, la obra de cada uno se hará manifiesta; porque el día la declarará, pues por el fuego será revelada; y la obra de cada uno cuál sea, el fuego la probará. Si permaneciere la obra de alguno que sobreedificó, recibirá recompensa.* ***Si la obra de alguno se quemare, él sufrirá pérdida, si bien él mismo será salvo, aunque así como por fuego".***

Cuando nuestro texto principal (2 Corintios 5) dice en el versículo 10 que seremos juzgados por los "hechos estando en el cuerpo", se refiere literalmente a nuestras obras: las cosas que hicimos y la forma en que vivimos. Esas son las acciones que, según 1 Corintios 3, serán probadas por el fuego. *Lo que haces y cómo vives sí importa.*

A menudo enfatizamos que los creyentes son salvos por gracia; no podemos hacer nada para merecer nuestra salvación, y por supuesto, eso es muy cierto. Yo soy evangelista; todo mi ministerio está basado en esta gloriosa *buena noticia.* Yo lo destaco, subrayo y lo afirmo con todo mi corazón. Según Efesios 2:8-9 (RVR-1960),

> *"Porque por gracia sois salvos por medio de la fe; y esto no de vosotros, pues es don de Dios; no por obras, para que nadie se gloríe".*

La Escritura es clara. No hay nada que puedas hacer para añadir algo a la obra terminada de Jesucristo en la cruz del Calvario. Él lo compró. Pagó por ello. Lo entregó. Es tuyo. Tú y yo estábamos totalmente inmersos en depravación y rebeldía, completamente perdidos, sin ser merecedores de la salvación, y absolutamente incapaces de hacer ningún tipo de obra religiosa para ganarla. Pero justo en este punto de total desesperanza, Dios acudió al rescate. Él mismo proveyó para nuestra salvación, a su propio coste, como un regalo gratuito. No podemos suplementarlo. Solo podemos recibirlo por fe. Por eso 1 Corintios 3:15 (NVI) también dice que si las obras de un creyente se queman, "él sufrirá pérdida. *Será salvo*, pero como quien pasa por el fuego".

La Escritura es clara. No hay nada que puedas hacer para añadir algo a la obra terminada de Jesucristo en la cruz del Calvario.

Aunque las obras no nos salvan, nuestras buenas obras nos recompensarán. Recordemos que Pablo escribió estas palabras en una época en que la gente no tenía pólizas de seguros, tarjetas de crédito ni dinero protegido en cuentas bancarias. Toda su riqueza y sus bienes terrenales estaban contenidos en sus hogares. Si un hombre rico se despertaba en medio de la noche oliendo a humo, huía de su casa corriendo solamente con la camisa puesta y veía su casa ardiendo, estaría viendo con sus propios ojos cómo desaparecían todas las cosas de valor en su vida. Estaría de pie ante ese infierno tan pobre como el mendigo más bajo, con todas sus riquezas terrenales consumidas por las llamas. Pablo dice que será así para muchos en el pueblo de Dios el día que estén delante del tribunal de Cristo. Ellos serán salvos, pero todo lo demás arderá. Todo aquello en lo que emplearon sus vidas y adquirieron en este mundo desaparecerá y subirá con el humo. Entrarán en la eternidad sin las recompensas que Jesús prometió a los fieles. Sí, ellos serán salvos, pero "como quien pasa por el fuego".

Por eso Jesús enseñó a sus discípulos a hacer tesoros en el cielo. No dijo: "Yo haré tesoros en el cielo para ustedes". Él *nos* dijo que los hiciéramos nosotros mismos. La salvación es solo por gracia, pero las *recompensas* son otro asunto. Volvamos a leer Efesios 2:8-9, pero esta vez mantengámoslo en el contexto y leamos también el versículo siguiente:

> *Porque por gracia sois salvos por medio de la fe; y esto no de vosotros, pues es don de Dios; no por obras, para que nadie se gloríe.* ***Porque somos hechura suya, creados en Cristo Jesús para buenas obras, las cuales Dios preparó de antemano para que anduviésemos en ellas.*** *(Efesios 2:8-10, RVR-1960)*

Por lo tanto, no fuimos salvados mediante buenas obras, ¡sino que fuimos salvados para hacer buenas obras! Las obras no son el medio de nuestra salvación, pero son el resultado esperado de nuestra salvación. "Así que, amados míos, tal como siempre habéis obedecido, no sólo en mi presencia, sino ahora mucho más en mi ausencia, ocupaos en vuestra salvación con temor y temblor" (Filipenses 2:12). Como enfatizó Oswald Chambers, es nuestra responsabilidad "ocuparnos de aquello de lo que Dios se ocupa". Libremente, Dios se ocupó de obrar la salvación *en* nosotros, y seremos juzgados por cómo nosotros nos ocupemos ahora de ella.

La verdadera razón

DIOS TE SALVÓ POR UNA RAZÓN. NO FUISTE SALVADO para ser un chisme decorativo en la estantería de Dios, que solo ocupa espacio en el cielo durante toda la eternidad. Dios te salvó para el propósito eterno de su corazón antes de la fundación del mundo. Él tiene un plan para toda la creación (Efesios 3:11), un plan para todo su pueblo (Romanos 8:28-29), y un plan específicamente para ti (Efesios 2:10). Si tú y yo no cumplimos ese propósito, engañamos a Dios y a nosotros mismos, y de ello daremos cuentas delante del *bema* de Cristo.

Ateísmo funcional

AHORA REGRESEMOS A NUESTRO TEXTO PRINCIPAL Y consideremos los siguientes versículos:

"Conociendo, pues, el temor del Señor, persuadimos a los hombres; pero a Dios le es manifiesto lo que somos;

y espero que también lo sea a vuestras conciencias. No nos recomendamos, pues, otra vez a vosotros, sino os damos ocasión de gloriaros por nosotros, para que tengáis con qué responder a los que se glorían en las apariencias y no en el corazón"
(2 Corintios 5:11-12, RVR-1960)

Prestemos atención a la terminología: "El temor del Señor". Si esas palabras no nos hacen tomarnos en serio el tema de la eternidad, me atrevería a sugerir que pensamos como un necio. Si crees que mi lenguaje es muy fuerte, recuerda lo que dice la propia Biblia. *"El necio ha dicho en su corazón: No hay Dios"* (Salmos 14:1)

Quizá respondas: "Espera un minuto: ese versículo se refiere a los ateos, ¿no es así? El ateo es un necio porque dijo en su corazón que no había Dios. ¿Cierto?". No tan deprisa. El ateo dice con sus *labios* que no hay Dios. Pero el que dice en su *corazón* "no hay Dios", quizá diga con sus labios que cree en Dios; sin embargo, su manera de vivir demuestra que, en lo profundo de su corazón, verdaderamente no cree en la eternidad. El tribunal de Cristo y la realidad de la recompensa eterna no tienen ningún peso práctico en su vida actual. Si así fuera, ¡viviría de otra forma! Esto es lo que yo llamo "ateísmo funcional", decir una cosa con tu boca pero afirmar otra distinta con tu vida.

Si esto te parece un poco fuerte, no desconectes. El tono del pasaje cambiará dentro de un instante. Pero Pablo primero tiene que mostrarnos lo serio que es esto, y lo que está en juego. No nos haría un favor si midiera las palabras. No solo hay un cielo que ganar y un infierno que evitar, sino que también hay recompensas disponibles para los cristianos fieles que van mucho más allá de lo que pudiéramos llegar a soñar. Si no vivimos de tal forma que almacenemos tesoros en el cielo, somos ateos funcionales que piensan como los necios y les falta lo que Pablo llama "el temor del Señor".

Leamos una historia que contó Leonard Ravenhill acerca de un hombre condenado a muerte.

> Charlie Peace era un criminal. Las leyes de Dios o del hombre no le refrenaban. Finalmente, la ley le alcanzó y fue condenado a muerte. La mañana fatal en la prisión de Armley, Leeds, Inglaterra, fue conducido en su marcha hacia la muerte. Ante él estaban el capellán de la cárcel, leyendo de forma rutinaria y somnolienta algunos versículos bíblicos. El criminal tocó al predicador y le preguntó qué era lo que estaba leyendo. "Las consolaciones de la religión", fue la respuesta.
>
> Charlie Peace se quedó asombrado por la forma en que él leía profesionalmente acerca del infierno. ¿Podía un hombre seguir tan frío bajo la sombra misma del cadalso como para guiar a otro ser humano allí y a la vez, con los ojos secos, leer acerca de un abismo que no tiene fin en donde caería este ser humano? ¿Podía ese predicador creer las palabras de que existe un fuego eterno que nunca consume a sus víctimas, y a la vez pronunciar la frase sin ningún estremecimiento? ¿Puede un hombre ser humano y a la vez decir sin lágrimas: "Morirás eternamente y a la vez nunca conocerás el alivio

que trae la muerte?". Todo esto fue demasiado para Charlie Peace. Así que él predicó. Escucha su sermón ante las puertas del infierno.

"Señor", dirigiéndose al predicador, "si yo creyera lo que usted y la iglesia de Dios *dicen* creer, incluso aunque Inglaterra fuera cubierta de cristales rotos de costa a costa, caminaría sobre ellos, si fuera necesario, gateando y pensando que merece la pena vivir, ¡tan solo para salvar a un alma de un infierno eterno como ese!".

Muy a menudo, hay una gran desconexión entre lo que decimos creer y cómo vivimos como respuesta a esas creencias. Oro para que a través de este pequeño librito, ¡tu vida pueda ser reenfocada para vivir para el *bema* de Cristo! La fe no acepta meramente que Dios *es*, sino que también *Dios es galardonador* de los que le buscan diligentemente (Hebreos 11:6).

"Porque el amor de Cristo nos constriñe, pensando esto: que si uno murió por todos, luego todos murieron" (v. 14, RVR-1960)

Imagina a un prisionero a punto de ser ejecutado. Acaba de comer su última comida. La silla eléctrica está encendida y lista. De repente alguien llama a la puerta. Es una absolución del gobernador. Este hombre, casi muerto ya hacía unos momentos, acaba de ser liberado. Le han devuelto su vida. Este tipo de historia a menudo se ha usado para ilustrar nuestra salvación. Pero cuando se trata de lo que Jesús hizo por nosotros en la cruz, es algo mucho más profundo. Cuando fuimos rescatados de la muerte eterna, el Gobernador no solo envió una absolución. Él mismo entró en la cámara de ejecución, se sentó en la silla eléctrica, y recibió la ejecución que nosotros merecíamos como prisioneros en el eterno corredor de la muerte. El punto de Pablo es que Jesús intercambió su vida por la nuestra. ¿Estás viviendo tu vida para Él? El amor engendra amor, y su sacrificio debería encender un deseo de sacrificio en nosotros. Pablo continúa con la misma idea en el siguiente versículo...

> La fe no acepta meramente que Dios es, sino que también Dios es galardonador de los que le buscan diligentemente.

Y por todos murió, para que los que viven, ya no vivan para sí, sino para aquel que murió y resucitó por ellos (v. 15, RVR-1960)

Como Leonard Ravenhill preguntó: "¿Mereció la pena que Cristo muriera por las cosas por las que tú vives?". ¿Evalúas tu vida y tus prioridades a la luz del precio que Jesús pagó por ti? La respuesta natural podría ser: "Bueno, es mi vida. Yo puedo vivir como quiera". No, amigo, no es tu vida. Has sido comprado con un precio y tu vida no es propiedad tuya, "por tanto, glorificad a Dios en vuestro cuerpo" (1 Corintios 6:20).

> "¿Mereció la pena que Cristo muriera por las cosas por las que tú vives?"

Me encanta contar esta historia cuando predico el evangelio en África. Es el relato verdadero de un antiguo pastor bautista de la década de 1800, que preparaba su sermón del domingo el sábado por la tarde. Tras varias horas de estudio, se cansó y fue a dar un paseo para estirar las piernas. Mientras caminaba por la ciudad, vio a un niño que llevaba una jaula en una mano y un palo en la otra. Dentro de la jaula había una decena de pajarillos, y el niño estaba molestando a los pájaros a través de los barrotes con el palo. Los pájaros piaban, las plumas volaban, y el niño se reía. El pastor se acercó al niño.

"Hijo", dijo él, "¿por qué atormentas a los pajaritos?".

El niño respondió:

"Señor, me encanta oírles piar. Me encanta ver volar sus plumas. Es muy divertido".

"¿Y qué harás cuando termines de divertirte", preguntó el pastor. El niño sonrió ampliamente.

"Ah, señor, esa es la mejor parte. Los llevaré a casa, los sacaré de la jaula uno a uno, les arrancaré las plumas y se los daré como alimento a mi gato".

El corazón del pastor estaba hecho pedazos.

"Hijo, permíteme tener esos pájaros", dijo.

"No, son mis pájaros. Yo los atrapé. Consiga usted los suyos. Puede encontrarlos en el campo".

"Pero yo quiero esos pájaros".

"¿Por qué? Ni siquiera cantan. Mire, no son canarios. Son solo pájaros comunes del campo".

"Por favor, hijo. Te los compraré. ¿Cuánto quieres?".

El pastor sacó su cartera y la abrió. De repente, el niño vio una oportunidad de negocio.

"¿Cuánto dinero tiene, señor?". El pastor contó dos dólares, que era mucho dinero en esos tiempos.

"Qué coincidencia", dijo el niño. "Cuestan exactamente dos dólares, con la jaula incluida".

El pastor sabía que el niño le estaba estafando, pero sacó todo el dinero de su cartera y se lo entregó al niño. Al día siguiente, el pastor contó esta historia mientras estaba delante de su congregación. Dijo: "Llevé la jaula al campo. Abrí la puerta y me retiré. Uno a uno, los pájaros salieron dando saltitos de la jaula por la puerta abierta. Uno a uno abrieron sus alas, y uno a uno comenzaron a volar. Y mientras volaban hacia la libertad, comenzaron a cantar la misma canción. Y esta era su canción: 'Redimido, redimido, redimido'".

Eso es lo que Jesús ha hecho por nosotros. Cuando Dios vio el mundo lleno de almas desesperanzadas atrapadas en la prisión del pecado, atormentadas por los temores y las lágrimas, por las adicciones y compulsiones, su corazón fue movido a misericordia. Él sabía que nosotros no podíamos hacer nada para salvarnos y sabía que, sin su liberación, pasaríamos la eternidad en el infierno. Esto no significa que Dios hiciera un trato con el diablo. No creo tal cosa, pero sí significa que Dios verdaderamente nos "redimió" de nuestra esclavitud.

La palabra "redimido" en el Nuevo Testamento significa liberar mediante el pago de un rescate. Pero ¿cuál fue el precio de nuestro rescate? Pedro nos lo dice explícitamente: "Como bien saben, ustedes fueron rescatados de la vida absurda que heredaron de sus antepasados. El precio de su rescate no se pagó con cosas perecederas, como el oro o la plata, sino con la preciosa sangre de Cristo, como de un cordero sin mancha y sin defecto" (1 Pedro 1:18-19, NVI).

Hemos sido redimidos. Hemos sido comprados, no con dólares o euros, ni con plata ni oro. De hecho, la moneda que Dios usó para comprar nuestra redención fue la sustancia más preciosa del universo: la sangre de Jesucristo. Cuando Dios compró tu salvación, el cielo se quedó en bancarrota. Incluso las calles de oro no tienen valor comparadas con la sangre del Hijo eterno de Dios. Dios pudo haber creado un mundo totalmente nuevo con una palabra. Pero solo esa sangre preciosa de Jesucristo podía redimir nuestras almas. Así que Pablo dice: "para que los que viven, ya no vivan para sí, sino para aquel que murió y resucitó por ellos". El siguiente versículo lo lleva incluso más lejos.

Quién es Él, quién soy yo

De manera que nosotros de aquí en adelante a nadie conocemos según la carne; y aun si a Cristo conocimos según la carne, ya no lo conocemos así.
(v. 16, RVR-1960)

HUBO UN TIEMPO EN QUE INCLUSO LOS DISCÍPULOS DE Jesús no entendían quién era Él. Le veían como un buen hombre, profeta o maestro. Pero después de su gloriosa resurrección, descubrieron la enorme parte de su identidad que no habían visto. Él era mucho mayor y mucho más grande que lo que habían percibido con sus sentidos naturales. Jesucristo era Dios mismo. Así que Pablo dice que no deberíamos volver a cometer ese mismo error. De hecho, a partir de ahora no deberíamos ver a nadie en Cristo como un ser humano normal. Jesús nos ha hecho más que hombres comunes. No ha creado como parte de la familia divina. La Biblia habla a menudo de nuestra verdadera identidad como pueblo de Dios en Cristo. Nosotros...

Hemos sido resucitados de la muerte con Cristo (Colosenses 3:1)
Somos la expresión de la vida divina de Cristo (Colosenses 1:4)
Somos escogidos, santos y amados por Dios (Colosenses 3:12)
Somos hijos de la luz (1 Tesalonicenses 5:5)
Tenemos un llamado celestial (Hebreos 3:1).
Somos hijos e hijas de Dios (Gálatas 3:26)
Somos el templo de Dios (1 Corintios 3:16)
Hemos sido comprados por precio (1 Corintios 6:20)
Hemos sido resucitados con Cristo y sentados en lugares celestiales (Efesios 2:6)
Hemos sido liberados del pecado (Romanos 6:18)
Somos el aroma de Cristo (2 Corintios 2:15)
Somos la luz del mundo (Mateo 5:14)
Hemos sido sellados por el Espíritu Santo (2 Corintios 1:22)
Somos coherederos de Dios con Cristo (Romanos 8:17)
Somos ungidos (2 Corintios 1:21)
Hemos nacido de nuevo-de una simiente imperecedera (1 Pedro 1:23)

Así es como tú y yo deberíamos ser considerados, dijo Pablo. Si has aceptado a Cristo, estás liberado de tu estado pecaminoso y eres introducido en una identidad totalmente nueva en Cristo. Así que si te estoy enseñando o conversando contigo, te hablaré como el hijo o hija de Dios que realmente eres.

Por otro lado, cuando predico el evangelio en una campaña evangelística, no hablo así porque estoy hablando a personas que no son salvas ni regeneradas. Ellos siguen aún en sus pecados. Necesitan el mensaje de salvación por gracia mediante la fe. Pero los creyentes saben que la salvación no es la línea de meta, sino la línea de salida.

Como creyente, has sido resucitado a una vida nueva y divina con Cristo. Tú tienes ahora la capacidad de vivir una vida santa. Tienes la capacidad de hacer buenas obras. Tienes el poder de *vivir* en el sentido más verdadero y bíblico de la palabra. **Los hombres muertos no pueden hacer nada.** A un hombre muerto no se le puede pedir que haga buenas obras. Pero cuando Dios infunde su nueva vida en ti, Él puede entonces pedirte algo. Y es en este contexto que en el siguiente versículo Pablo expresa este conocido pasaje, este trozo de oro bíblico que cada cristiano conoce de memoria.

Los hombres muertos no pueden hacer nada. A un hombre muerto no se le puede pedir que haga buenas obras. Pero cuando Dios infunde su nueva vida en ti, Él puede entonces pedirte algo.

De modo que si alguno está en Cristo, nueva criatura es; las cosas viejas pasaron; he aquí todas son hechas nuevas (v. 17, RVR-1960)

¡Esto es demasiado maravilloso para expresarlo con palabras! El antiguo tú murió y fue enterrado con Cristo. Esa persona, tan llena de lujuria y orgullo, está muerta. Esa persona que era un pecador culpable se ha ido. Esa persona que estaba definida por las opiniones de la gente o antiguos abusos, que siempre se sentía inepta, que todo parecía decepcionarle, que caminaba por ahí con un espíritu huérfano, que era esclava del pecado… Esa persona egocéntrica, perezosa, rencorosa, arrogante, indisciplinada, impía, ha desaparecido para siempre. Él murió. Lo viejo *ha pasado*, y lo nuevo sin duda ha llegado. Ahora eres un nuevo tipo de humano, hecho a imagen de Dios, y capaz de hacer buenas obras extraordinarias. Él está por ti, no contra ti. Él te ama, y como Padre, quiere lo mejor para tu vida. Ahora podemos levantarnos, despertar y cumplir el destino de Dios para nosotros. ¡Qué maravilloso! ¡Qué glorioso! Pero Pablo no se detuvo aquí. Él sigue aún con cosas más maravillosas…

Una nueva vocación poderosa

Y todo esto proviene de Dios, quien nos reconcilió consigo mismo por Cristo, y nos dio el ministerio de la reconciliación (v. 18, RVR-1960)

DIOS NO SOLO NOS HA RECONCILIADO CONSIGO MISMO mediante Cristo, sino que también nos ha dado el ministerio de la reconciliación, ¡un servicio para llevar a las personas de regreso a Dios! ¿Alguna vez has tenido alguna disputa con alguien a quien amabas? Quizá no se hablaron durante unos días tras el conflicto. ¿Recuerdas cómo te sentías? Tu corazón estaba muy dolido. El mundo entero te parecía nublado y plomizo mientras duraba el cisma.

Pero ¿recuerdas lo que sentiste en la reconciliación? La vida volvió y tu corazón parecía que "volvió a nacer". Las relaciones son muy poderosas. Cuando se rompen, el sol se pone. Pero la reconciliación trae un nuevo día. Esto es lo que ocurrió cuando Dios se reconcilió con la raza humana. Aunque el cisma fue totalmente culpa de la humanidad, ¡Dios inició la reconciliación con nosotros! Nosotros provocamos la división, poniendo a Dios como objetivo y destino de nuestra maldad y rebelión. Sin embargo, fue Él quien se entregó, haciéndose vulnerable al rechazo y abuso por nuestra parte, todo para volver a ser nuestro Amigo.

Y mientras la mayoría del mundo le ha rechazado, unos pocos hemos visto sus brazos abiertos. Algo dentro de nosotros se rompió. Acudimos a Él, y fuimos reconciliados con Él. Después, de la forma más drástica, divina, milagrosa y poderosa posible, el sol volvió a salir y una nueva vida regresó a nuestro corazón. ¡La reconciliación de *esta* relación nos hizo nacer de nuevo! ¡Qué maravillosa realidad! ¡Hemos dejado de ser enemigos de Dios! Somos sus amigos, amigos íntimos y cercanos. La preciosa sangre de Jesucristo nos ha acercado.

Pero una vez acercados al Dios vivo, el poder vivificador de esa reconciliación comprende mucho más que una nueva amistad. Nos capacita para convertirnos en *ministros* de reconciliación. Dicho de otra manera, somos aptos para convertirnos en ministros de reconciliación, no cuando una iglesia nos ordena, ¡sino cuando Dios nos reconcilia!

Por lo general, cuando la gente oye la palabra "ministro" piensa en un predicador ordenado que trabaja a tiempo completo en el ministerio. Pero cuando viajo internacionalmente y los oficiales aduaneros me preguntan mi ocupación, les digo: "Soy ministro". Su siguiente pregunta es: "¿Ministro de qué?". Ellos suponen que si soy un ministro, debo de trabajar para el gobierno. Para ellos, la palabra "ministro" significa un agente, representante o embajador. De hecho, ese es el verdadero significado de la palabra. Por lo tanto sí, soy un ministro, no porque estoy ordenado como predicador a tiempo completo, sino porque trabajo para el gobierno de Dios en el departamento de reconciliación. ¡Y tú también! Conseguimos nuestros trabajos cuando fuimos reconciliados con Dios. Ahora somos llamados a llevar a otros a la misma amistad renovada de la reconciliación con Dios en Cristo, y eso nos lleva al siguiente versículo.

Que Dios estaba en Cristo reconciliando consigo al mundo, no tomándoles en cuenta a los hombres sus pecados, y nos encargó a nosotros la palabra de la reconciliación (v. 19, RVR-1960)

Pablo profundiza en este ministerio de la reconciliación. Dios no solo nos *hizo aptos* para convertirnos en sus ministros, sino que también nos *confió* el mensaje de la reconciliación. Eso significa que tenemos el privilegio *y* la responsabilidad de compartir la "palabra" de la reconciliación.

Es emocionante pensar en ser ministros en el departamento de Dios de la reconciliación. Pero es también algo serio, porque es nuestra obligación. Cuando un presidente o rey envía a un ministro a otro país, no le envía de vacaciones. El coste del avión, combustible, pilotos, azafatas, alimento, hospedaje y salario son inversiones en la diplomacia entre los dos países. ¿Qué ocurriría si el ministro de un rey usara su papel solamente para viajar y estar de fiesta en los nuevos lugares a los que va? Un enviado así quizá haya sido apto para su trabajo en el pasado, pero ahora no está siendo fiel a su trabajo. Lo estaría usando para su propio beneficio, en vez de usarlo para el beneficio de su país y de su rey.

Del mismo modo, cuando nos convertimos en ministros de la reconciliación en el v. 18, Pablo explica que también se nos *confió* ese ministerio en el v. 19. Dios nos bendijo con el honor de nuestro nuevo papel cuando nos convertimos en amigos de Dios. Pero Dios también espera que cumplamos con ese papel. En contexto, entonces, Pablo nos está diciendo que, si queremos vivir a la luz del *bema* de Cristo, debemos aceptar la responsabilidad como sus embajadores con toda fiabilidad. El ministerio de la reconciliación sin duda se ha convertido en el contexto para que sean juzgadas las buenas obras en ese día final.

> El ministerio de la reconciliación sin duda se ha convertido en el contexto para que sean juzgadas las buenas obras en ese día final.

Un nuevo mensaje poderoso

Así que, somos embajadores en nombre de Cristo, como si Dios rogase por medio de nosotros; os rogamos en nombre de Cristo: Reconciliaos con Dios (v. 20, RVR-1960)

Como embajadores de Cristo, nuestro mensaje es urgente. Observemos el lenguaje apremiante de Pablo. Dios está "rogando" por medio de nosotros. Eso significa que está apelando, urgiendo, y exhortando a la gente con la intensidad de alguien que parece estar ante un peligro inminente que quizá otros no ven. Y dice que "rogamos" a la gente. Esa palabra significa pedir con fervor, o incluso suplicar. No debemos evadir el tono vívido, casi desesperado, de este versículo. La reconciliación con Dios es algo maravilloso, pero es también imperativo. Los peligros de la relación rota de la humanidad con Dios son enormes. ¡La reconciliación es esencial! El juicio del gran trono blanco es el último y definitivo juicio sobre la raza humana incrédula. Por lo tanto, los amigos reconciliados con Dios se han convertido en sus agentes de reconciliación, en sus embajadores de paz, para avisar a las personas fervientemente y rogarles que regresen a su Dios.

Pero aquí está la ironía. En contexto, nosotros los ministros apelamos fervientemente a la gente, no solo porque *ellos* se dirijan al juicio, sino también porque *nosotros* nos dirigimos a un juicio. Compareceremos ante un trono de recompensas para determinar la calidad de nuestra existencia eterna. ¡Eso debería motivarnos a trabajar por la reconciliación ahora! Tal y como el embajador de un rey tendrá que regresar a casa y verse con su rey y dar cuentas, así nosotros todos compareceremos ante el *bema* de Cristo, es decir, ante el tribunal del Rey-Mesías de Israel y Señor de todas las naciones.

El énfasis en el juicio en los escritos de Pablo

HASTA AHORA HEMOS PASADO LA MAYOR PARTE DEL tiempo en 1 y 2 de Corintios, pero el tema del tribunal de Cristo no está confinado a estas dos cartas. Una vez despiertos a este tema, es difícil incluso leer una página del Nuevo Testamento sin verlo claramente, o sentir su influencia. El apóstol Pablo, que escribió dos tercios del Nuevo Testamento, repetidamente se refirió al juicio de una forma u otra. Habló a menudo de "ese día". De hecho, la mayoría de sus referencias al regreso del Señor ocurren en el contexto de un Juez que regresa y al que daremos cuentas, e incluye un llamado a vivir a la luz de ese día. Pablo escribe sus cartas desde la perspectiva de un centinela que vigila en la última vigilia de la noche. El amanecer del regreso y juicio del Señor está a punto de producirse. Su luz pronto convertirá la noche en día y saturará la creación con su resplandor. La expectativa de ese momento tinta tanto la cosmovisión de Pablo, que sencillamente no podemos asimilar su mensaje sin ello.

La expectativa de ese momento tinta tanto la cosmovisión de Pablo, que sencillamente no podemos asimilar su mensaje sin ello.

- En Romanos, Pablo menciona a menudo ese día. En el capítulo dos habla del "día de la ira", un día inminente en que el justo juicio de Dios será revelado y Él "pagará a cada uno conforme a sus obras" (Romanos 2:5-6).

- Después, se dirige a los creyentes, contrastando "los sufrimientos de este tiempo presente" con la "gloria que nos ha de ser revelada" (Romanos 8:18).
- En el capítulo 13, Pablo desafía a los romanos a vivir en santidad recordándoles que, "la noche está muy avanzada, y el día está cerca" (Romanos 13:12).
- Del mismo modo, en el siguiente capítulos les advierte que no hagan juicio contra sus hermanos recordándoles que "todos compareceremos ante el tribunal [*bema*] de Dios" (Romanos 14:10).

Como ya hemos visto, las dos cartas de Pablo a los Corintios están llenas de exhortaciones a vivir a la luz del inminente día del juicio. Para Pablo, *todo* lo tocante a la vida de la iglesia debería relacionarse específicamente con el día inminente del Señor. Pablo incluso ve los dones carismáticos como una forma en que la iglesia expresa su ferviente expectativa de "la revelación de nuestro Señor Jesucristo" (1 Corintios 1:7), el día que él cree que los corintios serán juzgados como "irreprensibles en el día de nuestro Señor" (1 Corintios 1:8).

A lo largo del resto de 1 Corintios, Pablo pone el día del juicio final ante los corintios para motivarlos a:

Edificar la iglesia (1 Corintios 3:12-17)
Dejar de criticar su liderazgo (1 Corintios 4:5)
Disciplinar a un miembro de la iglesia pecaminoso (1 Corintios 5:5)
Arreglar disputas legales (1 Corintios 6:9-10)
Caminar en pureza sexual (1 Corintios 6:14)

Vivir libre de la ambición mundana (1 Corintios 7:29-31)
Ejercitar el dominio propio por el evangelio
(1 Corintios 9:23-27)
Participar indignamente de la cena del Señor
(1 Corintios 11:26)
Amarse unos a otros (1 Corintios 13:10, 13)
Y hacer la obra del Señor (1 Corintios 15:58)

De hecho, todo el capítulo 15 pone la inspiración para nuestra vida presente en el contexto del regreso del Señor (15:23), la resurrección (15:23), el final de los tiempos (15:24) y la restauración de toda la creación (15:28).

Este mismo ritmo continúa en 2 Corintios. Pablo encuentra pozos profundos de coraje para predicar el evangelio bajo coerción porque un día él será resucitado de los muertos y presentado con sus convertidos (2 Corintios 4:14). Entonces, en ese día heredará un "eterno peso de gloria que sobrepasa toda comparación" (2 Corintios 4:17). Por eso Pablo fija sus ojos solo en las cosas "eternas" (2 Corintios 4:18). En el siguiente capítulo, el cual consideramos en detalle en este libro, Pablo vuelve a exponer las razones de su gran valor para el evangelio: un día estará ante el *bema* de Cristo, recibirá una "tienda" inmortal, y recibirá un pago por las obras que hizo en su cuerpo (2 Corintios 5:1-11).

En Filipenses 3:14 Pablo habla de sus esfuerzos para proseguir hacia el premio del "supremo llamamiento" de Dios. Dicho de otra forma, Pablo quería "alcanzar la resurrección de los muertos" (Filipenses 3:11). Esto contrasta con esos falsos predicadores del evangelio "que piensan solo en las cosas terrenales" (Filipenses 3:19). En contexto, eso significa que tales ministros no dirigen sus vidas a la luz del inminente día del juicio. Pero Pablo y sus camaradas son distintos. Ellos anticipan el día en que Jesús "transformará el cuerpo de nuestro estado de humillación en conformidad al cuerpo de su gloria, por el ejercicio del poder que tiene aun para sujetar todas las cosas a sí mismo" (Filipenses 3:21). Pablo calculó todo acerca de su ministerio, tanto los motivos como las acciones, hacia atrás: desde el día del juicio hasta su vida presente.

Pablo calculó todo acerca de su ministerio, tanto los motivos como las acciones, hacia atrás: desde el día del juicio hasta su vida presente.

En Efesios y Colosenses, Pablo recuerda a los siervos, esclavos y maestros que darán cuentas a su Señor en el cielo, quien juzga con imparcialidad (Efesios 6:5-9; Colosenses 3:24-25).

En 1 Tesalonicenses, Pablo expresa su gozo por esos creyentes porque serán su "... esperanza o gozo o corona de gloria? ¿No lo sois vosotros en la presencia de nuestro Señor Jesús en su venida?" (1 Tesalonicenses 2:19). Pablo continúa animándolos a vivir de manera sobria y alerta para que "el día del Señor... no les sorprenda como a un ladrón" (1 Tesalonicenses 5:2, 4, 6).

En 2 Tesalonicenses, Pablo consuela a los cristianos que sufren persecución. Pero la forma en que ofrece tal consuelo revela un modo de pensar que difiere grandemente de la forma de pensar mundana entre algunos cristianos hoy día. Pablo no le dice a su iglesia que el mundo finalmente se convertirá en un lugar amigable para los cristianos; ni tampoco profetiza que sus enemigos serán juzgados pronto. En lugar de eso, les recuerda que Dios juzgará a sus enemigos en el futuro, "cuando el Señor Jesús sea revelado desde el cielo con sus poderosos ángeles en llama de fuego, dando retribución a los que... no obedecen al evangelio de nuestro Señor Jesús... cuando El venga para ser glorificado en sus santos en aquel día" (1:7-10).

En 1 Timoteo, Pablo desafía a los que son ricos en este mundo a no confiar en sus riquezas, sino a usarlas para almacenar tesoros "para el futuro" (1 Timoteo 6:19). Después en la siguiente Epístola, Pablo ordena a Timoteo que proclame la verdad a la iglesia en Éfeso con diligencia y fidelidad. Pero observemos la base de su mandamiento. "Te encargo solemnemente, en la presencia de Dios y de Cristo Jesús, que ha de juzgar a los vivos y a los muertos, por su manifestación y por su reino: Predica la palabra" (2 Timoteo 4:1-2). De nuevo, en opinión de Pablo, Timoteo debería desarrollar su actual ministerio bajo la influencia del juicio futuro.

Después, de esa misma forma, Pablo habla de su propia muerte en ese famoso pasaje: "He peleado la buena batalla, he terminado la carrera, he guardado la fe. En el futuro me está reservada la corona de justicia que el Señor, el Juez justo, me entregará en aquel día; y no sólo a mí, sino también a todos los que aman su venida" (2 Timoteo 4:7-8).

He peleado la buena batalla, he terminado la carrera, he guardado la fe. En el futuro me está reservada la corona de justicia que el Señor, el Juez justo, me entregará en aquel día; y no sólo a mí, sino también a todos los que aman su venida.

En el libro de Tito, Pablo nos desafía a negar la impiedad y lujuria mundana, a vivir sobria, justa y piadosamente en este actual siglo. ¿Por qué? Porque esperamos "la esperanza bienaventurada y la manifestación de la gloria de nuestro gran Dios y Salvador Cristo Jesús" (Tito 2:11-14).

Esperamos "la esperanza bienaventurada y la manifestación de la gloria de nuestro gran Dios y Salvador Cristo Jesús".

Esta es solo una pequeña muestra de los escritos de Pablo para demostrar el grado en el que veía la vida como un preludio a la eternidad. Sin embargo, esta breve lista es abrumadora, y sus implicaciones para nosotros son profundas. No puedo dejar de preguntarme cuántos pastores y predicadores hoy estarían de acuerdo de forma profunda y práctica con Pablo. Muchas veces los líderes modernos se retraen de incluso mencionar el tema del juicio. Sin embargo, Pablo no solo lo declara claramente, sino que también lo trata a menudo para dar a sus iglesias esperanza, advertencias y motivación. De hecho, no podemos predicar adecuadamente la doctrina de Pablo si evitamos enseñar sobre el inminente día del juicio del Señor.

No podemos predicar adecuadamente la doctrina de Pablo si evitamos enseñar sobre el inminente día del juicio del Señor.

El juicio en las otras Epístolas

Pero Pablo no está solo en modo alguno. No fue él quien inventó el concepto del tribunal de Cristo. Las otras

Epístolas están repletas de referencias al inminente día del juicio, específicamente al juicio para los creyentes.

El escritor de Hebreos recuerda a su congregación: "Y de la manera que está establecido para los hombres que mueran una sola vez, y después de esto el juicio" (9:27, RVR-1960). Y en caso de que haya alguna confusión, refuerza fuertemente la idea un capítulo después: "El Señor juzgará a su pueblo" (10:30). Entonces el autor alaba a la iglesia porque en la persecución había aceptado "con gozo el despojo de vuestros bienes, sabiendo que tenéis para vosotros mismos una mejor y más duradera posesión" (10:34). Continúa animándolos a no perder su confianza porque será grandemente recompensada cuando Cristo regrese (10:35-38).

Pero la visión más profunda del juicio venidero en Hebreos, y una de las más claras en todo el Nuevo Testamento, la encontramos en el gran "Salón de la fe" del capítulo 11. Muchas veces, este "Capítulo de la fe" se ve como un ánimo a tener fe para las cosas ahora. Y ciertamente esto es legítimo. Pero una lectura más detenida del texto fija gran parte de la recompensa de la fe en el futuro. Poner nuestra fe en Dios, según Hebreos, es creer en su realidad presente *así como en sus recompensas futuras*. De hecho, si no creemos que Dios recompensará nuestra fe en el futuro, no tenemos una fe que le agrada (Hebreos 11:6).

Aprendemos aquí que "la fe es la certeza de lo que se espera" (Hebreos 11:1). Los héroes del Antiguo Testamento que murieron en fe creyeron una herencia que nunca obtuvieron mientras vivieron. Ellos "anhelaron una patria mejor, es decir, celestial" (11:16). Su fe entonces se convierte en un ejemplo para los cristianos que, como Abraham, están "esperando la ciudad que tiene cimientos, cuyo arquitecto y constructor es Dios" (11:10). Sí, nos acercamos al monte de Dios por fe (12:22-24). Pero también esperamos un día futuro en el que toda la creación será conmovida, y solo el reino inconmovible de Dios permanecerá (12:25-29). Por eso el autor exhorta a su cansada iglesia a soportar algo de dolor ahora a la luz del gozo venidero (12:1-3).

El libro de Santiago habla claramente acerca del juicio de Dios a su pueblo. Comienza con una bendición para los que soportan la tentación porque, cuando hayan sido aprobados, "recibirán la corona de la vida" (Santiago 1:12). Santiago también advierte a la gente que no tomen el papel de maestro a la ligera, porque los maestros recibirán un juicio más estricto (Santiago 3:1). Después advierte a los cristianos que dejen de quejarse entre ellos "para que no seáis juzgados; mirad, el Juez está a las puertas" (Santiago 5:9).

El mismo tema continúa fluyendo como un río por las epístolas de Pedro y Juan. Primera de Pedro habla del día en que Dios juzgará a los vivos y a los muertos (1 Pedro 4:5). Segunda de Pedro describe el "Día del Señor" en gran detalle (2 Pedro 3:10-13). Primera de Juan habla sobre la valentía que podemos tener en el día del juicio si somos "perfeccionados en amor" (1 Juan 4:17). Y 2 Juan nos insta: "Tened cuidado para que no perdáis lo que hemos logrado, sino que recibáis abundante recompensa" (2 Juan 8).

Incluso el pequeño libro de Judas, de solo un capítulo, habla de la venida del Señor "con… muchos millares de sus santos, para ejecutar juicio sobre todos…" (Judas 1:14-15).

Y por supuesto, como ya hemos visto, el libro de Apocalipsis contiene algunos de los simbolismos más gráficos e impactantes del juicio venidero de toda la Escritura. Declara que Jesús viene rápidamente, que juzgará al mundo entero, tanto a santos como a pecadores, y que establecerá su Reino glorioso sobre la tierra.

El juicio en las enseñanzas de Jesús

PERO QUIZÁ LOS VERSÍCULOS MÁS CONOCIDOS EN CUANTO al juicio vienen de Jesús mismo. Él enseñó sobre el "misterio" del reino de Dios (Marcos 4:11). El "misterio" significa que el reino sin duda ha venido a la tierra a través de Él, pero que aún no se ha manifestado plenamente. Los que se arrepintieron y creyeron pueden entrar y experimentar ahora su abundante vida espiritual. Pero hay incluso un día venidero aún mayor cuando la gente menos se lo espere. Así que Jesús enseña a sus discípulos a estar preparados. Les insta a vivir anticipando la futura manifestación del reino: cuando el Rey regrese, los muertos resucitarán, los malvados serán juzgados y los justos recompensados.

Quizá los versículos más conocidos en cuanto al juicio vienen de Jesús mismo.

Incluso antes de que Jesús apareciese en Israel, Juan el Bautista preparó su camino advirtiendo a la gente de "la ira venidera" y las llamas del juicio de Dios (Mateo 3:7-12). Entonces, una vez que Jesús comenzó a predicar públicamente, sus mensajes estaban saturados de referencias al juicio venidero.

En su "Sermón del monte", Jesús enfatiza recompensas futuras como la motivación para vivir justamente en el siglo actual (Mateo 6:4, 6, 18). Enseña a sus discípulos a no almacenar temporalmente "tesoros en la tierra", sino a almacenar eternos "tesoros en el cielo" (6:19-20). Después, cuando Jesús advierte en contra de los falsos profetas, también advierte del juicio eterno, lejos de su presencia, para los que conocen su nombre y afirman hacer milagros, pero que no hacen "la voluntad del Padre" (7:19-23). Sin duda, Jesús enmarca todo este sermón entre los corchetes de las recompensas futuras (5:3-11) y los juicios futuros (7:21-27).

Cuando Jesús envía a sus discípulos a predicar a las ciudades y pueblos de Israel, usa el juicio venidero para acentuar la gravedad de su misión. Si alguna ciudad rechaza su mensaje, "en el día del juicio será más tolerable el castigo para la tierra de Sodoma y Gomorra que para esa ciudad" (Mateo 10:15; 11:24). Les dice que serán perseguidos, pero de nuevo les señala hacia el último juicio para poner freno a su temor. "Y no temáis a los que matan el cuerpo, pero no pueden matar el alma; más bien temed a aquel que puede hacer perecer tanto el alma como el cuerpo en el infierno" (Mateo 10:28). El mundo no será amigo de ellos. El mensaje de Jesús traerá espada, y no paz (Mateo 10:34-36); pero ellos pueden soportar el rechazo del mundo si mantienen su mente en las recompensas futuras del siglo venidero (Mateo 10:37-42).

Las parábolas de Jesús especialmente aclaran este punto: hay un día de juicio venidero "en el fin del mundo" (Mateo 13:40). Se debería advertir tanto a los discípulos como a los pecadores. En la parábola del trigo y la cizaña, por ejemplo, los malos "se recoge y se quema en el

Las parábolas de Jesús especialmente aclaran este punto: hay un día de juicio venidero "en el fin del mundo". Se debería advertir tanto a los discípulos como a los pecadores.

fuego... allí será el llanto y el crujir de dientes. Entonces los justos resplandecerán como el sol en el reino de su Padre" (Mateo 13:40-43). Del mismo modo, la parábola de la red barredera usa los peces buenos y malos para ilustrar que "así será en el fin del mundo; los ángeles saldrán, y sacarán a los malos de entre los justos, y los arrojarán en el horno de fuego; allí será el llanto y el crujir de dientes" (13:49-50).

Cerca del fin de su ministerio, con lenguaje apocalíptico, tono serio y aún más parábolas, Jesús advierte a sus discípulos acerca de su asombroso regreso e inescapable juicio. "Las potencias de los cielos serán sacudidas... y verán al Hijo del Hombre que viene sobre las nubes del cielo con poder y gran gloria" (Mateo 24:29-30). Las higueras del verano, el diluvio de Noé, y un ladrón en la noche advierten a los discípulos para que reconozcan la etapa del regreso del Señor, su naturaleza repentina e impactante, y la imparcialidad de su juicio (Mateo 24:32-35; 24:36-41). Las cinco vírgenes necias aprenden (y enseñan) la misma lección (Mateo 25:1-13). El retraso del novio pone al siglo presente bajo el foco del juicio venidero. ¿El punto del Señor? Estar preparados. El juicio es real, y llega.

Las parábolas de Jesús sobre los siervos señalan a sus discípulos hacia el día del juicio (Mateo 24:45-51; 25:14-30). Los amos de la historia dan a sus siervos recursos para que los usen, y tareas que realizar, mientras ellos se van. Durante el retraso, algunos siervos sirven fielmente y otros actúan perezosamente. Los fieles reciben recompensas; los malvados son echados a las "tinieblas de afuera; allí será el llanto y el crujir de dientes". De nuevo, es imposible evitar el claro mensaje de Jesús: viene el juicio; vivan coherentemente.

Finalmente, la parábola de las ovejas y los cabritos vierte la brillante luz del juicio futuro sobre la vida presente. Jesús no puede ser más explícito. El Hijo del Hombre vendrá en su gloria con sus ángeles. Después se sentará como Rey y Juez "en el trono de su gloria" (Mateo 25:31). Las naciones se reunirán ante Él, y Él las juzgará en base a sus obras, específicamente, el modo en que le trataron mediante "estos hermanos míos, aún los más pequeños" (Mateo 25:40, 45). Los que sirvieron fielmente al Rey al servir a sus necesitados, serán juzgados así: "Venid, benditos de mi Padre, heredad el reino preparado para vosotros desde la fundación del mundo" (Mateo 25:34). Los que ignoran a los necesitados serán juzgados así: "Apartaos de mí, malditos, al fuego eterno que ha sido preparado para el diablo y sus ángeles" (Mateo 25:41).

La enseñanza de Jesús sobre el juicio es tan inevitable como el juicio venidero mismo. Con frecuencia, coherencia y urgencia, Jesús proclama el juicio futuro, y urge a sus oyentes a vivir para ese día. Los discípulos serán juzgados. Los malvados serán juzgados. Las naciones serán juzgadas. Incluso los ángeles serán juzgados. Esto no es teoría, y no es ficción. Es la razón por la que Jesús mismo lo enseñó tan a menudo y desde tantos ángulos.

Si el juicio futuro es un asunto tan importante para el Maestro, ¿no deberían sus discípulos tomárselo en serio en sus vidas diarias, y sus pastores predicarlo urgentemente?

Si el juicio futuro es un asunto tan importante para el Maestro, ¿no deberían sus discípulos tomárselo en serio en sus vidas diarias, y sus pastores predicarlo urgentemente? Es asombroso para mí que este tema del juicio, tan central en la enseñanza de Pablo, tan fundamental para los otros autores del Nuevo Testamento y tan enfatizado por nuestro Señor Jesús mismo, sea prácticamente inexistente en la predicación moderna. Aunque no soy un fan de los enojados mensajes del tipo "el infierno y el azufre", creo que tenemos la tarea de predicar lo que es cierto sin comprometerlo. Como maestros, recibiremos un juicio más severo según Santiago 3:1. Si no preparamos a los santos para el tribunal de Cristo, responderemos por nuestra negligencia cuando estemos delante de él.

Al final

ASÍ QUE PABLO REGRESA AL TEMA DEL *BEMA* AL FINAL DE su vida. Justo antes de su muerte, justo antes de entregar su vida, de ser decapitado por el evangelio, escribe:

> *"He peleado la buena batalla, he acabado la carrera, he guardado la fe. Por lo demás, me está guardada la corona de justicia, la cual me dará el Señor, juez justo, en aquel día; y no sólo a mí, sino también a todos los que aman su venida" (2 Timoteo 4:7-8, RVR-1960).*

Cuando Pablo estaba ante la espada que le iba a cortar la cabeza, sabía que su siguiente parada sería ante el *bema* de Cristo. Y allí el Señor le daría una corona, recompensándole por la obra que había hecho. Qué ejemplo tan brillante de una vida fiel. Pablo no tuvo temor a morir, porque no tenía temor al juicio. De hecho, *anticipaba* el juicio porque sabía que había hecho su mejor esfuerzo. Vivió para la eternidad, y esperaba lo que el Señor había prometido: recompensa gloriosa. Qué maravilloso sería si, al final de tu vida, no tienes temor o terror al juicio venidero. Puedes decir con Pablo: "He peleado la buena batalla, he acabado la carrera, he guardado la fe. Ahora me espera una corona. ¡Soy triunfante en Cristo!".

> *Por tanto, nosotros también, teniendo en derredor nuestro tan grande nube de testigos, despojémonos de todo peso y del pecado que nos asedia, y corramos con paciencia la carrera que tenemos por delante, puestos los ojos en Jesús, el autor y consumador de la fe, el cual por el gozo puesto delante de él sufrió la cruz, menospreciando el oprobio, y se sentó a la diestra del trono de Dios (Hebreos 12:1-2, RVR-1960)*

¿Qué te retiene e impide correr la carrera? ¿Qué pesos te impiden vivir para la eternidad? ¿Qué pecados amenazan tu recompensa? Ninguno de ellos es necesario. De tu interior, recibe el poder de tu nueva identidad en Cristo. A tu alrededor, sé alentado por la gran nube de testigos que vivieron a la luz de la eternidad. Y ante ti, inspírate con las recompensas del fiel servicio al Rey. Pero también sé sobrio: en ese Día todos daremos cuentas de nuestras obras hechas en el cuerpo.

Así que no dejes que incluso las cosas buenas se conviertan en obstáculos para las cosas eternas. La eternidad es demasiado importante para arriesgarla por causa de algunas cosas temporales tontas que finalmente no tienen importancia. Deja de enredarte. Cómo vives importa. Cómo empleas tu tiempo importa. Cómo sirves al Señor importa. Él te está viendo. Lo observa. Está tomando nota y, un día, darás cuentas. Todos daremos cuentas.

Quiera Dios que vivas tu vida a partir de hoy a la luz de la eternidad. Quiera Dios que oigas esas palabras del Maestro ese Día: "Bien hecho, buen siervo y fiel...".

Me gustaría animarte a que tomes un momento y le preguntes al Señor qué es lo que te está impidiendo y limitando tu inversión en la eternidad. Haz esta oración:

> *"Padre, gracias que tus planes para mí son perfectos. Señor Jesús, nunca podré darte gracias suficientes por rescatarme de la muerte eterna. Espíritu Santo, te doy gracias por tu presencia que mora en mí y me guía. Examíname y pruébame. Ve si hay algún camino de maldad en mí. Muéstrame dónde he sido negligente con las cosas eternas y he vivido para cosas temporales. Muéstrame los pesos y pecados que con tanta facilidad me acechan y me impiden correr la carrera que has puesto delante de mí. Ayúdame a vivir la clase de vida que anticipa el tribunal de Cristo. Quiero todo lo que tienes para mí en este siglo, y en el venidero. Ayúdame a cumplir tu propósito para mi vida. Me entrego y me rindo por completo a ti, en el nombre de Jesús".*

ISBN# 978-1-933446-370

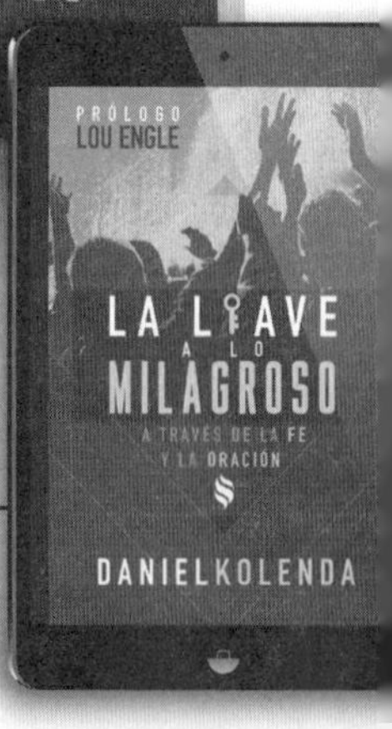